Riconoscere e respingere la psicologia del buio

Come riconoscere la manipolazione emotiva, smascherare un disturbo della personalità e le bugie e respingere le tecniche di manipolazione.

Martina Richter

CONTENUTI

Cosa può aspettarsi da questa guida 1

Comprendere il lato oscuro 3

Che cos'è il lato oscuro? 3

Come viene creato? 4

Risultati attuali della ricerca 5

Il nucleo oscuro della personalità 9

La triade oscura 11

Come si riconoscono le personalità oscure? 14

Come si affrontano le personalità oscure? 17

Personalità oscure nell'ambiente di lavoro 24

Personalità oscure nella partnership 27

Personaggi famosi con tratti di personalità oscuri
.... 32

Disturbi della personalità 35

Che cos'è il disturbo narcisistico di personalità? 37

Come si riconosce un disturbo narcisistico di
personalità? 39

Che cos'è il disturbo dissociale di personalità? .. 41

Come si riconosce un disturbo dissociale di
personalità? 43

Il disturbo di personalità è curabile? 44

Si riconosce nelle descrizioni? 46

Riconoscere le tecniche oscure della psicologia 48

Esporre le bugie 49

Riconoscere le tecniche di manipolazione 55

Applicare le tecniche di psicologia 63

Cosa ha imparato ora 70

Cosa può aspettarsi da questa guida

Si sente manipolato e ingannato? Si fida troppo facilmente delle persone e si lascia abbagliare da loro? Ha la sensazione di finire sempre con le persone sbagliate e di essere sorpreso dalla loro freddezza? Oppure ha scoperto un manipolatore e vuole capire il suo comportamento? Allora ha preso la decisione giusta acquistando questa guida.

In molte persone si nasconde un lato oscuro. Utilizzano trucchi psicologici per manipolare le persone intorno a loro e metterle in competizione tra loro . Utilizzano le persone con freddezza per raggiungere i propri obiettivi e raramente provano rimorso o rimpianto. Anche lei ha avuto esperienze con persone dal cuore freddo e vuole capire il loro comportamento? Questa guida le darà le risposte a tutte le sue domande sulla psicologia oscura. Imparerà tutto sul lato oscuro della psicologia. Cosa lo costituisce e come riconoscere le persone con un lato oscuro.

Imparerà a conoscere la triade oscura della personalità e a comprenderla con degli esempi. Perché solo quando avrà capito cosa rende una persona con un lato oscuro così pericolosa, saprà perché dovrebbe evitarla, se possibile. Tuttavia, non sempre si riconosce subito una personalità oscura. Di solito mostrano i loro veri colori solo anni dopo. Ecco perché questa guida la aiuterà a riconoscere i segnali che indicano che una persona con caratteristiche oscure sta operando nel suo ambiente immediato. Potrà conoscere le tecniche di inganno e di manipolazione e imparare a scoprire le bugie e l'influenza degli altri. Nel capitolo finale della guida, imparerà come utilizzare i trucchi psicologici per negoziare con successo e persuadere gli altri.

Comprendere il lato oscuro

CHE COS'È IL LATO OSCURO?

Prima di imparare a mettere in pratica queste strategie, deve prima capire in cosa consiste il lato oscuro della psicologia. Deve capire quali caratteristiche sono attribuite al lato oscuro per poterle riconoscere. I comportamenti socialmente e moralmente discutibili sono solitamente attribuiti ai tratti oscuri della personalità. Le persone con tratti di personalità oscuri più pronunciati sono solitamente caratterizzate da un comportamento manipolativo, egoista, egocentrico o insensibile. Tuttavia, non tutte le caratteristiche del lato oscuro sono di solito ugualmente pronunciate. Tuttavia, ciò che di solito hanno in comune è la mancanza di empatia e di comprensione, nonché una marcata mancanza di emozioni. Sebbene molti dei tratti oscuri abbiano una connotazione negativa, spesso sono associati al successo professionale.

Negli ultimi anni, gli scienziati hanno sviluppato dei test psicologici che possono essere utilizzati per determinare i tratti oscuri della personalità. Tuttavia, è difficile ottenere un risultato valido del test, soprattutto nel caso di persone manipolatrici. Le osservazioni e le conversazioni sono quindi altrettanto importanti per scoprire il lato oscuro di una persona.

COME VIENE CREATO?

Ora ha una panoramica approssimativa delle caratteristiche e dei comportamenti che costituiscono il lato oscuro della personalità. Ma come si sviluppa? Le persone con tratti di personalità oscuri hanno vissuto in prima persona molte sofferenze o questi tratti sono stati ereditati?

Non esiste un'unica risposta a queste domande, poiché ci sono diversi fattori responsabili dello sviluppo del lato oscuro. Ora le dirò esattamente quali sono.

RISULTATI ATTUALI DELLA RI-CERCA

Per capire perché una persona ha tratti di personalità oscuri, i ricercatori e gli scienziati nel campo della psicologia studiano da tempo le condizioni in cui si sviluppano determinate caratteristiche della personalità. Ciò che dovrebbe essere chiaro a tutti è che non esiste una singola esperienza che fa sì che ogni persona sviluppi una personalità oscura. Piuttosto, è un'interazione di fattori genetici, biologici e ambientali che porta allo sviluppo di tratti di personalità oscuri. Un modello che spiega lo sviluppo di una personalità oscura fino a un disturbo di personalità è il modello vulnerabilità-stress. Il modello presuppone che alcune persone siano biologicamente più vulnerabili allo sviluppo di un disturbo mentale rispetto ad altre. I tratti della personalità ereditati geneticamente, come la forte impulsività o la sensibilità, possono rendere una persona più vulnerabile o suscettibile di sviluppare un disturbo mentale. Nell'infanzia e nell'adolescenza, le condizioni di stress, come gli stili genitoriali negativi o la morte di un genitore, possono favorire ulteriormente lo sviluppo di una malattia mentale. Se una persona ha anche poche esperienze positive, poche figure di attaccamento fidate ed è altrimenti esposta a condizioni ambientali meno positive, può manifestarsi un disturbo mentale.

Lo sviluppo di alcuni tratti della personalità ed eventualmente di disturbi della personalità si basa su componenti genetiche che aumentano la probabilità di sviluppare determinati tratti della personalità. Studi scientifici hanno dimostrato che i gemelli identici presentano tratti di personalità più simili rispetto ai gemelli fraterni. Ciò significa che i fattori genetici influenzano lo sviluppo della personalità. Se i gemelli fraterni fossero altrettanto simili in termini di tratti della personalità, ciò sarebbe dovuto principalmente alle condizioni ambientali. Tuttavia, non si può presumere che una personalità oscura esista attraverso le generazioni. Non tutte le persone con una componente genetica per i tratti oscuri della personalità li svilupperanno. Anche in questo caso, bisogna prendere in considerazione il modello vulnerabilità-stress.

Oltre alla componente genetica, anche le influenze ambientali hanno un impatto sullo sviluppo dei tratti della personalità. I ricercatori affermano che le esperienze di separazione e perdita, di trascuratezza e di abuso nell'infanzia e nell'adolescenza possono portare una persona a sviluppare una personalità oscura. Per esempio, l'esposizione a lungo termine a maltrattamenti o a uno stile genitoriale negativo può avere un effetto duraturo sul modo in cui una persona affronta i propri sentimenti e quelli degli altri, nonché sul modo in cui forma le relazioni con le altre persone. In particolare, nelle persone che presentano tratti narcisistici, come la necessità di porsi costantemente al centro dell'attenzione, la mancanza di calore emotivo, la definizione di confini inadeguati e il legame tra successo e riconoscimento possono aver portato alla manifestazione di questi tratti di personalità nell'infanzia. Ricevevano lodi, calore e amore solo quando avevano raggiunto qualcosa di particolarmente grande, e di conseguenza si presentavano come particolarmente grandi o speciali anche nell'età adulta, per ricevere il riconoscimento. Tuttavia, bisogna notare che lo sviluppo della personalità di ogni persona è influenzato dalle sue esperienze. Ogni persona ha un corredo genetico e una capacità di recupero individuali, che possono portare una persona a sviluppare una personalità oscura o una depressione quando vive una situazione stressante o rimane mentalmente sana.

Gli scienziati e i ricercatori ritengono che lo sviluppo della personalità non sia in gran parte completo prima dei 16 anni. La diagnosi di disturbo di personalità, che imparerà a conoscere più avanti in questa guida, non viene quindi fatta prima dei 16 anni.

Il nucleo oscuro della personalità

Il nucleo oscuro della personalità si riflette generalmente nel comportamento di una persona. Il nucleo oscuro consiste nella tendenza a massimizzare il proprio beneficio senza alcuna considerazione per i sentimenti e i bisogni delle altre persone. Si approfittano di se stessi a spese degli altri. Si considerano particolarmente importanti e superiori. Tuttavia, questo non significa che le persone con un nucleo oscuro non possano anche cooperare bene con gli altri. Per evitare sanzioni o proteggere la loro reputazione, di solito sono eccellenti nel cooperare con gli altri.

Naturalmente, il nucleo oscuro della personalità non è ugualmente pronunciato in tutte le persone. Alcuni tratti oscuri della personalità, come la manipolazione, la menzogna o l'insensibilità, sono anche più pronunciati in una persona rispetto ad un'altra. Tuttavia, i tratti oscuri della personalità sono correlati tra loro. Ciò significa che se si incontra una persona molto manipolatrice, è più probabile che questa persona menta anche frequentemente. I tre tratti oscuri della personalità sono anche correlati tra loro. Si tratta di narcisismo, machiavellismo e psicopatia, noti anche come la triade oscura della personalità. Ora conoscerà questi tre tratti in modo più dettagliato e imparerà anche come identificarli nelle persone.

LA TRIADE OSCURA

Forse si è già imbattuto nel termine "triade oscura". Si tratta di tre tratti di personalità ben studiati che hanno l'obiettivo comune di raggiungere i propri obiettivi e il proprio successo personale a spese degli altri.

Narcisismo: descrive la caratteristica di valutare se stessi come più preziosi, più importanti, migliori e più grandi di quanto si sia in realtà. I narcisisti hanno un senso esagerato di autostima, sono molto egocentrici e si distinguono per la loro esagerata valutazione positiva di sé. Hanno poca considerazione per i sentimenti degli altri e sono pronti a ferire emotivamente gli altri.

Sono soddisfatti di se stessi e della loro vita, ma vogliono essere sempre ammirati dagli altri. A prima vista, un narcisista può persino apparire simpatico, perché di solito è molto carismatico e affascinante. Sono molto eloquenti e attirano magicamente l'attenzione. Tuttavia, con il tempo diventa chiaro che sta facendo tutto questo solo per se stesso e ha bisogno dell'attenzione e dell'ammirazione per il suo ego.

Un narcisista può tollerare osservazioni sprezzanti tanto poco internamente quanto le critiche. Esternamente, però, sembra immune da qualsiasi tipo di critica. Sebbene molte di queste caratteristiche siano considerate negative, possono anche avere un effetto positivo in misura sana e aiutarla a progredire nel suo lavoro.

Machiavellismo: comprende le caratteristiche di aspirazione al potere, alla grandezza e all'influenza. I machiavellici sono cinici, egoisti e manipolatori. Utilizzeranno qualsiasi mezzo per raggiungere i propri obiettivi. Sviluppano strategie e approcci tattici per ottenere potere e influenza. Poiché sono in grado di mostrare empatia, guadagnano rapidamente la fiducia di altre persone e costruiscono una rete da cui possono solo trarre vantaggio. Accettano di ferire gli altri con le loro azioni e di solito stringono amicizie e relazioni solo se sono vantaggiose per loro.

Spesso si approfittano dei loro simili e li manipolano. La loro abile presentazione di sé facilita la creazione di contatti e la conquista di persone. Come un camaleonte, i machiavellici sono in grado di adattarsi in modo flessibile alle nuove situazioni e di camuffare i loro tratti caratteriali negativi. Pertanto, spesso è difficile smascherarli.

Psicopatia: questa è probabilmente la più oscura delle tre caratteristiche. Gli psicopatici sono bugiardi senza scrupoli, egoisti e manipolatori. Non provano alcun rimorso e sono molto insensibili. Di solito non hanno la capacità di provare empatia, quindi si approfittano delle persone e non hanno alcun riguardo per le conseguenze emotive delle loro azioni. Non hanno coscienza morale.

Con i loro modi affascinanti, mantengono relazioni superficiali che servono a raggiungere i loro obiettivi. Tuttavia, di solito non hanno obiettivi realistici a lungo termine e utilizzano lo sfruttamento e la manipolazione delle persone per combattere la noia. Gli psicopatici sono spesso criminali e si trovano negli istituti di pena. Già nell'adolescenza, la psicopatia è associata a comportamenti delinquenziali e criminali. Al contrario, gli "psicopatici di successo" si trovano solitamente in posizioni di leadership .

COME SI RICONOSCONO LE PER-SONALITÀ OSCURE?

Ora sa che cosa costituisce una personalità oscura e quali caratteristiche appartengono alla triade oscura della personalità. Le persone con questi tratti sono spesso difficili da gestire per un lungo periodo di tempo e spesso si vorrebbe aver riconosciuto i segnali in seguito.

Ecco perché ora imparerà a riconoscere una personalità oscura e a smascherare il suo comportamento orientato al beneficio. Deve imparare ad ascoltare e osservare attentamente per riconoscere i possibili segnali e leggere tra le righe.

1. **Spesso** una persona **cambia relazioni e amicizie** perché si annoia rapidamente o perché le ha già sfruttate o manipolate.

2. **relazioni superficiali**. Trova difficile avere relazioni profonde. Preferisce avere contatti numerosi e mutevoli.

3. **il gentiluomo affascinante**. Mantengono le relazioni grazie ai loro modi affascinanti.

4. **cambiare partner sessuale**. Dopo la conquista, si annoiano e vogliono andare avanti.

5 Una persona **non chiede scusa**. Non prova rimorso e non riesce a riconoscere gli errori.

6. **mantenere il controllo**. Deve prendere le decisioni.

7. **poca empatia**. La persona ha una scarsa capacità di empatizzare con gli altri.

8. **ambizione**.

9. **Autostima esagerata**. La persona pensa di essere speciale e ha un senso esagerato di autostima.

10. **bugie**.
Un noto personaggio cinematografico che, secondo lo psicologo australiano Peter Jonason, è un ottimo esempio di personalità oscura è Bond. James Bond. Sebbene faccia battere il cuore di innumerevoli donne, i suoi

nemici sono la sua priorità assoluta. Senza alcun riguardo per i sentimenti di coloro che lo circondano, Bond farà di tutto per raggiungere i suoi obiettivi. È interessato solo al proprio vantaggio e passerà letteralmente sui cadaveri per ottenerlo. Tuttavia, è affascinante, carismatico ed educato. Sa come comportarsi e come conquistare il cuore delle donne con abilità. Ha una pericolosa combinazione di manipolazione, spregiudicatezza e testardaggine che può essere classificata come appartenente alla triade oscura.

Il narcisismo di Bond: auto e abiti costosi, attira l'attenzione, è eloquente.

Il machiavellismo di Bond: approccio tattico, forte concentrazione sull'obiettivo, adattabilità flessibile a nuove situazioni.

La psicopatia di Bond: la sua "licenza di uccidere" rappresenta il modo spietato in cui si sbarazza delle persone che lo ostacolano nel raggiungimento del suo obiettivo.

Tuttavia, una classificazione così chiara e una forma pura della triade oscura di solito esiste solo nei film di Hollywood. Nella realtà, è molto rara. È quindi importante prestare attenzione ai segnali, ma non saltare alle conclusioni.

COME SI AFFRONTANO LE PER-SONALITÀ OSCURE?

Se ora conosce una persona che ha molte di queste caratteristiche o che magari l'ha sfruttata senza scrupoli e con freddezza, come deve comportarsi con lei? Nel capitolo seguente, imparerà cosa deve tenere a mente quando ha a che fare con persone dalla personalità oscura.

Narcisismo:

1. **Gestione delicata**: le persone con tratti di personalità narcisistica sono molto sensibili. Le critiche devono quindi essere espresse con cautela e attenzione. Cerchi di formulare la sua critica sotto forma di precisi messaggi "io". "Soffro quando lei non rispetta gli appuntamenti".

2. **Non si aspetti delle scuse**. Una persona con tratti narcisistici non può ammettere di aver commesso un errore. Questo non è in linea con la loro grandiosa immagine di sé.

3. **Chiedere, non pretendere**: non deve aspettarsi che una persona narcisista risponda alla sua richiesta. Tuttavia, le richieste hanno solitamente più successo delle pretese.

4. **Mantenere l'attenzione**: I narcisisti di solito sono bravi a distrarre dall'argomento e cercano di dare priorità ai propri obiettivi e bisogni. Mantenga la concentrazione e non si lasci distrarre dai suoi obiettivi.

5. **Rafforzare le sue capacità di comunicazione**: Si renda conto di ciò che vuole ottenere con la sua comunicazione. Il linguaggio è potere.

6. **Presentare fatti oggettivi**: Il narcisista cerca spesso di spingersi in un "ruolo di vittima". Utilizzi fatti oggettivi per far capire loro perché non è così.

7. **Protegga i suoi confini**: Per un narcisista non esistono regole o confini. Credono di essere al di sopra di tutto. Pertanto, non deve rispondere a nulla che vada oltre i suoi confini e i suoi standard morali.

8. **Mantenga le distanze**: Se tutto diventa troppo per lei, mantenga le distanze. Non può cambiare un

narcisista.

9. **Alimentare l'ego**: se non ha modo di evitare il narcisista o di mantenere le distanze in una determinata situazione, è utile alimentare il suo ego con i complimenti. Anche se può essere difficile, è meglio che diventare il bersaglio dell'aggressione narcisistica.

10. **Si renda conto che il problema non è lei**: Le persone con tratti narcisistici non comunicheranno con lei alla pari, perché pensano di essere qualcosa di speciale e migliore.

Machiavellismo:

1. **Verificare la veridicità delle affermazioni**: il machiavellico è molto determinato e manipolatore. Si protegga controllando la veridicità delle sue affermazioni.

2. **Metta in dubbio le sue intenzioni**: Una persona machiavellica le dirà tutto quello che vuole sentirsi dire per raggiungere i suoi obiettivi. Dovrebbe quindi chiedersi quale sia l'intenzione dietro il suo comportamento.

3. **non si lasci accecare**: Perché, a differenza degli psicopatici e dei narcisisti, lei può apparire molto empatico.

4. **non cedere**: I machiavellici sono forti negoziatori. Gli chiarisca la sua posizione e il suo atteggiamento. Tuttavia, non lo inimichi.

5 **Rimanga cordiale e fermo**: Non si renda un bersaglio reagendo in modo provocatorio durante le conversazioni. Comunicando in modo amichevole e assertivo, mostra loro che state comunicando allo stesso livello.

6. **replica**: difendersi dalla manipolazione del machiavellico con la replica ha lo scopo di creare distanza e di darle qualche secondo per pensare e comunque dire "no".

7 **Proteggere i propri confini**: Anche per un machiavellico, non esistono regole o confini. Crede di essere al di sopra di tutto. Pertanto, non deve rispondere a nulla che vada oltre i suoi confini e i suoi standard morali.

8. **mantenere le distanze**: Anche in questo caso, se tutto diventa troppo per lei, si tenga a distanza. Non si può cambiare un machiavellico.

9. **Alimentare l'ego**: se non ha modo di evitare il machiavellico o di mantenere le distanze in una determinata situazione, è utile alimentare il suo ego con i complimenti.

10. **Si renda conto che il problema non è lei**: Le persone con tratti machiavellici non comunicheranno con lei alla pari.

Psicopatia:

1. **Si fidi del suo istinto**: se la persona con cui sta parlando sembra minacciosa, si fidi e si tenga a distanza.

2. **Gesti ed espressioni facciali sicuri di sé**: gli psicopatici raramente manipolano le persone con un atteggiamento sicuro di sé.

3. **Non mostrare debolezza**: uno psicopatico si concentra sulle debolezze degli altri per sfruttarle.

4. **faccia attenzione**: non si metta mai sullo stesso piano di uno psicopatico. È un professionista in quello che fa.

5 **Proteggere i propri confini**: Anche per uno psicopatico, non esistono regole o confini. Pertanto, non
deve rispondere a nulla che superi i suoi confini e i suoi
standard morali.

6 **Reagisca con calma**: Lo psicopatico si annoia rapidamente e potrebbe lasciarla andare e cercare qual-
cos'altro da fare.

7 **Non resti da solo**: parli del problema agli amici o ad
altre persone. Insieme è più facile agire contro uno psicopatico.

8. **mantenere le distanze**: Ancora una volta, mantenga le distanze. Non può cambiare uno psicopatico.

9. **denunciare**: Non esiti a denunciare le azioni dello
psicopatico in caso di reati gravi. Lo psicopatico è
spietato. È molto probabile che si ripeta.

10 Si **renda conto che il problema non è lei**: Le persone con tratti psicopatici non comunicheranno con lei su un piano di parità .

Non esiti a chiedere aiuto. Non si può mai sapere fino a che punto una persona con tratti di personalità oscuri si spingerà per raggiungere i propri obiettivi. Tuttavia, la maggior parte delle persone ha solo tratti di personalità oscura. Una forma pura di personalità oscura è molto rara.

PERSONALITÀ OSCURE NELL'AMBIENTE DI LAVORO

Nel suo ambiente di lavoro, è inevitabile imbattersi in persone con una personalità oscura. La cosa migliore da fare in una situazione del genere sarebbe certamente mantenere le distanze ed evitare la persona. Tuttavia, soprattutto in ufficio e quando lavora in un team, questa soluzione non è generalmente praticabile. Le persone con tratti di personalità machiavellici sono particolarmente comuni a livello dirigenziale. Sono considerate competitive e assertive.

A prima vista, questo può portare molti vantaggi all'azienda. Ma se si guarda più da vicino, diventa subito chiaro che i dipendenti soffrono sotto questa leadership. Le capacità di gestione di un manager con tratti machiavellici sono solitamente giudicate inadeguate e i dipendenti sono scoraggiati dal suo comportamento manipolativo.

Le persone con tratti di personalità narcisistica sono anche convincenti a prima vista, soprattutto nei colloqui di lavoro. Solo con il tempo si rivela il vero carattere di un collega o capo narcisista. Mostrano il loro comportamento egocentrico e manipolativo e i dipendenti che lavorano con loro si esauriscono e si esauriscono rapidamente. Per evitare lotte di potere con loro, è meglio chiarire in anticipo le aree di responsabilità e stabilire confini chiari. Poiché si offendono con particolare facilità e tendono ad essere vendicativi in questo contesto, occorre fare attenzione ad evitare accuse e minacce.

Gli psicopatici si possono incontrare anche sul posto di lavoro. La collaborazione di solito inizia in modo normale, ma i loro veri colori si rivelano nel corso del tempo. Valori, morale e accordi non esistono per lui. Sono freddi, calcolatori e senza cuore. È sorprendente che più alto è il livello gerarchico, più frequentemente i leader mostrano tratti psicopatici. Diversi studi parlano di una percentuale fino al 20%. Di solito ci vuole molto tempo prima che uno psicopatico venga smascherato nell'ambiente di lavoro e alla fine debba lasciare l'azienda. Anche in questo caso, è utile confidarsi con un collega fidato o addirittura con il reparto Risorse Umane. Non si lasci isolare e agisca con coerenza.

10 consigli generali da tenere a mente se incontra una persona con tratti di personalità oscuri nel suo ambiente di lavoro:

1. documentare accuratamente gli incidenti critici.

2. confidarsi con un assistente.

3. non si lasci isolare.

4. mostrare i confini.

5 Sia consapevole dei propri punti di forza.

6. non si lasci coinvolgere nei giochi.

7. faccia una pausa per gli argomenti sgradevoli.

8. mostra fiducia in se stesso.

9. rimanga sul piano dei fatti.

10 Cerchi di mantenere le distanze e di non farsi notare.

PERSONALITÀ OSCURE NELLA PARTNERSHIP

Sebbene le persone con tratti di personalità oscuri trovino particolarmente difficile entrare in relazione, i narcisisti in particolare desiderano amore e riconoscimento. Ma una personalità oscura è in grado di amare qualcun altro? E come deve comportarsi con un partner che presenta tratti di personalità della triade oscura? Una relazione può funzionare?

Lo psicoterapeuta Claas-Hinrich Lammers dà una risposta chiara a quest'ultima domanda: "Dipende interamente dalla propria capacità di sofferenza. Una relazione con un narcisista, un machiavellico o uno psicopatico può essere estenuante e faticosa. Molte persone non si rendono nemmeno conto di avere una relazione con una persona dai tratti oscuri della personalità. Si sa che l'amore è cieco. Ma se nota questi segnali, dovrebbe guardare più da vicino dietro la facciata del suo partner:

1. è ossessionato dalla vittoria. Tutto è una competizione.

2. ha una bassa tolleranza alla frustrazione.

3. ha dei segreti.

4. vuole avere il potere.

5. Sta mentendo.

6. A causa sua/di me, gli altri trascurano i contatti sociali.

7. è molto affascinante.

8. non ha morale.

9. Non conosce confini.

10. Spesso minaccia di porre fine alla relazione.

Un narcisista come partner

Poiché i narcisisti amano essere al centro dell'attenzione e hanno bisogno di molte attenzioni, tendono a cercare un partner meno sicuro di sé e più insicuro nella vita.

Come partner, deve sottomettersi al suo partner narcisista. Durante la relazione, sopporterà molte umiliazioni e scatti d'ira. Pretenderà da lei molta comprensione, ma non gliene dimostrerà alcuna. Dovrebbe bandire dalla sua mente il pensiero di poter cambiare il suo partner narcisista, perché non succederà. Un narcisista non può essere cambiato.

Tuttavia, una relazione con un narcisista può anche avere i suoi vantaggi: Non sarà mai noiosa, conoscerete molte persone nuove, lui è un buon protettore e fa grandi regali per mettersi al centro dell'attenzione.

Tuttavia, a causa delle enormi difficoltà nel trattare con le persone narcisiste, una partnership è solitamente caratterizzata da problemi che alla fine portano alla separazione. La separazione da un partner narcisista è di solito particolarmente difficile, in quanto percepisce l'essere 'lasciato' come una critica personale a se stesso. Una rottura rode la loro dignità e la loro autostima per gli anni a venire. Cercherà di impedire la separazione con ogni mezzo necessario. Una dipendenza emotiva che si è accumulata nel corso degli anni diventa particolarmente evidente ora. Deve rimanere forte e non lasciarsi coinvolgere da lui.

Un machiavellico come partner

I machiavellici sono particolarmente bravi a camuffarsi, per cui possono passare anni prima di smascherare il partner. Si pongono al di sopra del partner e lo manipolano. Il vero volto del machiavellico si rivela gradualmente attraverso un comportamento immorale ed egoista.

Essendo molto assetato di potere, può anche accadere che controlli fortemente il suo partner. Una relazione con lui è fatta di molti bassi, ma anche di alti. Il suo partner è solitamente intrappolato in un circolo vizioso di amore e sofferenza. Può quindi essere necessario molto tempo prima di prendere la decisione di separarsi dal partner con tratti machiavellici. Soprattutto le donne forti, con un forte senso di autostima, vorranno separarsi da lui. Quando si separa da lui, deve assicurarsi di rompere le dipendenze emotive e mettere in dubbio le intenzioni del suo comportamento. Inoltre, di solito vogliono rimanere amiche del loro ex partner per motivi pratici.

Uno psicopatico come partner

Gli psicopatici sono spesso difficili da individuare all'inizio di una relazione. Sono dei veri maestri nel viziare la partner con regali e anche sessualmente. Conquistare una donna è per lui un gioco affascinante ed eccitante. Tuttavia, una volta conquistata, il suo comportamento di solito cambia rapidamente. Vuole sentirsi superiore e inizia a nascondere le cose.

Non vuole essere responsabile di nulla, vuole controllarla e diventa rapidamente aggressivo e abusivo. I campanelli d'allarme dovrebbero suonare al più tardi a questo punto. Se vuole separarsi dal suo partner con tratti psicopatici, ci sono alcune cose che deve tenere a mente. Non proverà né colpa né rimorso per i reati di cui lo accusate. Non si scuserà nemmeno per nulla. Nella sua mente, lei è una sua proprietà da usare a suo piacimento. Si vede come una persona che lascia gli altri e non viene abbandonata dalla sua partner. Farà di tutto per tenerla con sé. Questo può anche portare a delle minacce. Cercherà di metterla in cattiva luce per non sembrare lui stesso un perdente. Per questo motivo, si confidi con una persona di riferimento, se possibile, o cerchi un aiuto professionale. Uno psicopatico è astuto e non lascerà nulla di intentato per tenerla con sé. Sia forte e si renda conto che non ha empatia o morale e può quindi essere molto pericoloso.

Karin, 51 anni, ha parlato della sua relazione con uno psicopatico in un'intervista a una rivista:

"Dopo due mesi, mi chiese di sposarlo". Ero la donna della sua vita. Nei mesi successivi, ho ignorato molte cose, me ne rendo conto oggi. Se fossi stata sana di mente, avrei dovuto essere perplessa per il fatto che non mi era permesso nemmeno di guardare altri uomini. Poi temeva per il nostro grande amore, come mi ha spiegato, lamentandosi . *Lui stesso stava flirtando* con la cameriera del ristorante. Quando gliene ho parlato, mi ha detto che era una sciocchezza, che stavo guardando la cosa in modo sbagliato. Avrei dovuto anche sospettare che mi stesse derubando come un'oca di Natale. *Mi è stato permesso di pagare tutto,* anche se

entrambi guadagnavamo la stessa cifra, lui come venditore di assicurazioni, io come consulente per i media. Non aveva soldi con sé al ristorante e non si vergognava mai. E avrei dovuto rendermi conto che stava allontanando i miei amici, uno dopo l'altro". In un'intervista con "Idee für mich".

Disponibile all'indirizzo: https://www.idee-fuer-mich.de/leben/aus-dem-leben/verliebt-in-einen-psychopathen-4050.html.

PERSONAGGI FAMOSI CON TRATTI DI PERSONALITÀ OSCURI

Si dice che molte personalità di successo e creative abbiano tratti di personalità oscuri. Lei stesso potrebbe aver sentito voci e accuse. Questo capitolo le presenta le personalità che si dice abbiano tratti di personalità oscuri.

Tuttavia, queste citazioni non sono legate a un disturbo di personalità diagnosticato e servono solo a illustrare il disturbo. Provi a indovinare dalle storie quale tratto oscuro incarna la persona.

"Immagini questo capo: Ha un desiderio perverso di sminuire gli altri. I suoi capricci sono leggendari. Affermazioni come 'Stronzo, fai tutto sbagliato' si verificano ogni ora. Manca completamente di empatia. Usa il fascino per conquistare le persone quando gli conviene. Ignora la realtà e pretende di essere qualcuno di speciale. La moralità non conta. Tradisce senza scrupoli il suo migliore amico. Allo stesso tempo, è molto carismatico. Secondo uno studio Insead, quest'uomo è il manager di maggior successo di tutti i tempi: Steve Jobs". (Johannes Steyrer, derstandard.at, 07/06/2014).   Psicopatia

"Nel caso del Presidente, è evidente che il suo bisogno psicologico è quello di apparire invulnerabile come Superman. Per mantenere una facciata così grandiosa, una persona con un ego così debole è persino disposta a sacrificare la vita degli altri. Ogni momento della sua vita si chiede: "Come posso fare in modo che le persone mi ammirino? Perché altrimenti non riesco a respirare. Ecco quanto è ossessionato da questo. È difficile vivere la propria vita in questo modo". (Dr. Ramani Durvasula su Trump, deutschlandfunk.de, 14.10.2020).   Narcisismo

"Il fascino del governante forte e carismatico non è mai svanito. Convince il suo popolo che può fare miracoli, che rappresenta la nazione. Lo fanno [...] abilmente. Acquisendo un super-io virtuale, sembrano essere più di quello che sono in realtà. Sono salvatori e risolutori di problemi: questo va bene nel nostro mondo sempre più complesso. E se si è benedetti da questo carisma, non si deve più rendere conto a nessuno. [...] Il machiavellismo suggerisce potenza, in-difesa. L'aspetto macho fa parte della rappresentazione potente di sé, come le immagini [...] [di chi] ha la parte superiore del corpo nuda. Tutto questo ha lo scopo di trasmettere il messaggio di potere e forza". (Gudrun Dometeit, su Putin ed Erdoğan, Fokus Magazin online, Politica e Società, 26 marzo 2017). Machiavellismo

Disturbi della personalità

Molte persone presentano tratti di personalità della triade oscura. Tuttavia, solo pochi hanno un disturbo di personalità pronunciato. Ma che cos'è un disturbo della personalità e quante persone hanno un disturbo della personalità oscura? Troverà le risposte a queste domande in questo capitolo.

Il disturbo di personalità è un disturbo mentale associato a un'alterazione della struttura della personalità. Le persone con un disturbo di personalità mostrano un comportamento inappropriato nelle relazioni e nelle situazioni quotidiane. Questo comportamento persiste nel tempo e in diverse situazioni. Con il passare del tempo, questo fa sì che la persona colpita soffra.

I disturbi di personalità sono raramente diagnosticati prima dei 16 anni, poiché la personalità di una persona si sta ancora sviluppando fino a questa età. I disturbi della personalità che sono associati alle caratteristiche della triade oscura sono il disturbo narcisistico di personalità e il disturbo dissociale di personalità.

Distribuzione di frequenza e di genere

In Germania, circa l'8% degli adulti soffre di un disturbo della personalità. Le donne sono colpite con la stessa frequenza degli uomini. Un'eccezione è il disturbo dissociale di personalità. Gli uomini sono affetti da questo disturbo fino a tre volte più spesso delle donne. Il disturbo dissociale di personalità colpisce circa il 3% degli uomini tedeschi e l'1% delle donne tedesche. Se consideriamo il disturbo narcisistico di personalità, fino al 2,5% degli uomini e delle donne tedeschi soffre di questo disturbo di personalità. Poiché entrambi i disturbi sono relativamente rari nella popolazione, gli psicologi e gli psichiatri usano spesso il termine "accentuazione della personalità" quando non è presente il quadro clinico completo del disturbo.

CHE COS'È IL DISTURBO NARCISISTICO DI PERSONALITÀ?

Nel disturbo narcisistico di personalità, le persone colpite mostrano le caratteristiche del narcisismo della triade oscura. Sono meno empatici, sopravvalutano le proprie capacità e cercano attenzione e riconoscimento. Esagerano, mentono, ingannano, manipolano e reagiscono più intensamente di altre persone alle critiche e ai rifiuti.

Nel caso del disturbo narcisistico di personalità, tuttavia, le caratteristiche sono così pronunciate che la persona colpita ne soffre in prima persona. Non sono in grado di adattarsi bene alle circostanze esterne della vita. Il loro pronunciato desiderio di riconoscimento e ammirazione di solito li ostacola. Il disturbo narcisistico di personalità è quindi presente quando una persona ha tratti di personalità narcisistici molto pronunciati e ne soffre. Tuttavia, i narcisisti non sempre rivelano i loro tratti caratteriali. Oltre ai narcisisti manifesti, che rivelano la loro grandiosità e la loro evitabile superiorità, esistono anche narcisisti occulti. Sono amichevoli, generosi e disponibili. Ma questo serve solo a mettersi nella giusta luce grazie alle loro azioni altruistiche.

Il narcisismo può anche essere caratterizzato da vulnerabilità e chiusura. A differenza dei narcisisti grandiosi, che rivelano il loro ego esagerato, è difficile diagnosticare i narcisisti nascosti e vulnerabili. Il disturbo narcisistico di personalità è solitamente accompagnato da altri disturbi mentali, come i disturbi alimentari, la depressione e l'abuso di droghe. Il disturbo narcisistico di personalità è una malattia seria e può avere conseguenze gravi se non viene trattato correttamente.

COME SI RICONOSCE UN DISTURBO NARCISISTICO DI PERSONALITÀ?

In Germania, il disturbo narcisistico di personalità viene diagnosticato secondo la Classificazione Internazionale dei Disturbi Mentali (ICD-10). Il libro contiene dei criteri, di cui un certo numero deve essere soddisfatto per poter fare una diagnosi di disturbo narcisistico di personalità.

La diagnosi richiede diversi colloqui intensivi e possono essere utilizzati anche test psicologici. In qualità di profano, non deve quindi utilizzare i criteri per distribuire liberamente la diagnosi ed etichettare gli altri. Tuttavia, può utilizzare i criteri per valutare se è necessario prendere in considerazione un appuntamento con uno psicologo, psichiatra o psicoterapeuta.

Per la diagnosi vengono proposti i seguenti criteri (ICD-10, pag. 349):

1. **senso di grandezza in relazione alla propria importanza** (ad esempio, esagerando le proprie prestazioni).

2. **preoccupazione per le fantasie di successo illimitato, potere, splendore, bellezza o amore ideale.**

3. **È convinto di essere speciale o unico.** Solo le persone che sono anch'esse speciali possono stare con lui/lei o capirlo/a.

4. **bisogno di eccessiva ammirazione.**

5. **aspettativa irragionevole di essere trattato in modo speciale o favorevole dagli altri.**

6. approfittarsi **di altre persone per raggiungere i propri obiettivi.**

7. **mancanza di empatia.**

8. **invidia.**

9. **comportamento arrogante, altezzoso.**

In generale, il comportamento deve persistere in tutte le situazioni e non deve essere socialmente o culturalmente accettato.

CHE COS'È IL DISTURBO DIS-SOCIALE DI PERSONALITÀ?

Ora che ha imparato a conoscere il disturbo narcisistico di personalità, avrà anche familiarità con il disturbo dissociale di personalità. Il disturbo dissociale di personalità è noto anche come disturbo antisociale di personalità. Come suggerisce il nome, il comportamento delle persone colpite è caratterizzato da irresponsabilità e manipolazione.

L'attenzione è rivolta a non rispettare e a violare i diritti fondamentali degli altri. Come gli psicopatici, le persone con disturbo dissociale di personalità non mostrano alcun rimorso. Agiscono in modo molto impulsivo, il che le rende pericolose e imperscrutabili. Sono anche veloci nel mostrare un comportamento aggressivo. Distruggono le proprietà altrui, rubano o maltrattano animali o persone. Imbrogliano e ingannano e possono anche cercare di nascondere le loro azioni con uno pseudonimo. Le persone con disturbo dissociale di personalità sono maestri nella manipolazione e nella menzogna. Di solito lo fanno solo per il proprio piacere o per raggiungere i propri obiettivi. I comportamenti dissociali come la tortura di animali, il bullismo a scuola o il furto possono essere osservati già nell'infanzia e nell'adolescenza, prima che venga fatta la diagnosi. È inoltre sorprendente che la percentuale di persone con un disturbo dissociale di personalità nelle carceri sia significativamente più alta rispetto alla popolazione generale. Tuttavia, questo non significa che ogni persona con un disturbo dissociale di personalità diventi automaticamente delinquente e criminale.

Il disturbo dissociale di personalità è spesso accompagnato da un aumento dell'uso di sostanze come l'alcol o la depressione, oltre che dalla psicopatia. A differenza degli psicopatici, le persone con disturbo dissociale di personalità non sono altrettanto brave a mascherare il loro comportamento. Le persone con disturbo dissociale di personalità di solito non presentano il comportamento inizialmente affascinante e avvicinabile degli psicopatici. Tuttavia, ci sono molte sovrapposizioni tra i due disturbi.

COME SI RICONOSCE UN DIS-TURBO DISSOCIALE DI PERSO-NALITÀ?

Come il disturbo narcisistico di personalità, il disturbo dissociale o antisociale di personalità viene diagnosticato in Germania secondo la Classificazione Internazionale dei Disturbi Mentali (ICD-10). Anche in questo caso, una diagnosi precisa richiede diversi colloqui intensivi e test psicologici.

Non bisogna mai dare per scontato che una persona abbia un disturbo dissociale di personalità con leggerezza. I criteri dell'ICD-10 possono fornire un'indicazione della possibile presenza di questo disturbo. Tuttavia, la diagnosi deve essere fatta solo da specialisti qualificati.

Per la diagnosi vengono proposti i seguenti criteri (ICD-10, pag. 239f.):

1. freddezza emotiva.

2. atteggiamento persistente e irresponsabile, non rispetto degli standard.

3. nessuna relazione duratura.

4. tolleranza alla frustrazione molto bassa.

5. nessun senso di colpa.

6. incolpare gli altri per il proprio comportamento scorretto.

IL DISTURBO DI PERSONALITÀ È CURABILE?

Sì, un disturbo di personalità è generalmente curabile con il supporto psicoterapeutico. Tuttavia, è necessario superare il primo ostacolo della ricerca di aiuto. Le persone colpite spesso hanno difficoltà a cercare o ad accettare l'aiuto. Poiché il disturbo di personalità è un disturbo ego-sintonico, le persone colpite di solito non si rendono nemmeno conto che il loro comportamento è inappropriato. Ego-sintonico significa che le persone colpite percepiscono i loro impulsi e sentimenti come appartenenti a loro stessi.

Si sentono in contrasto con se stessi e con l'ambiente circostante. Per questo motivo, i parenti stretti o gli assistenti fidati di solito cercano aiuto e sostegno, poiché hanno sviluppato i loro stessi problemi psicologici a causa delle situazioni difficili con la persona colpita. Poiché un disturbo di personalità di solito esiste per anni prima che le persone colpite cerchino supporto, la terapia richiede anche un periodo di tempo più lungo. Sebbene le persone colpite siano solitamente demotivate all'inizio della terapia, si possono osservare miglioramenti significativi grazie alla terapia. Imparano a gestire sentimenti e pensieri difficili e spiacevoli e a modificare o cambiare comportamenti specifici. Anche le relazioni interpersonali possono essere affrontate e lavorate. La terapia non può cambiare la personalità di una persona. Tuttavia, le situazioni quotidiane e i conflitti stressanti possono essere gestiti meglio utilizzando alcune tecniche apprese. Ciò consente alla persona interessata di costruire e mantenere relazioni migliori con gli altri.

Se l'origine del disturbo di personalità sviluppato risale all'infanzia, la terapia basata sulla psicologia del profondo può essere utile. Il focus della terapia è l'analisi e l'elaborazione di relazioni traumatiche e difficili vissute nell'infanzia. I programmi di terapia cognitivo-comportamentale , invece, si concentrano sulla formazione delle abilità sociali. Utilizzando giochi di ruolo o la terapia di gruppo, le persone colpite imparano quale comportamento è appropriato in determinate situazioni. Sia la terapia cognitivo-comportamentale che i metodi basati sulla psicologia del profondo sono moderatamente o altamente efficaci.

Tuttavia, il trattamento del disturbo dissociale di personalità è particolarmente difficile, poiché le persone colpite non sono in grado di costruire un rapporto di fiducia con il terapeuta a causa della mancanza di calore emotivo e di empatia. Il desiderio interiore di potere e di violenza non può essere spento nemmeno con la terapia. Tuttavia, le persone colpite possono imparare a controllare meglio i loro impulsi, se lo permettono.

SI RICONOSCE NELLE DESCRIZIONI?

Se sente che molte di queste caratteristiche si applicano anche a lei dopo aver letto la descrizione dei disturbi, dovrebbe cercare supporto. Un consulto diagnostico con uno psicoterapeuta di fornirà chiarezza. Di norma, questi sono anche coperti dall'assicurazione sanitaria. Non deve vergognarsi dei suoi sospetti e dei suoi comportamenti, né deve parlarne al suo datore di lavoro o a chiunque altro. Anche lo psicoterapeuta è soggetto al segreto professionale, per cui nulla della sua conversazione con lui esce dalla stanza. Un terapeuta è tenuto ad agire solo se lei rappresenta un pericolo per sé o per gli altri.

Tuttavia, se non ha la fiducia necessaria per rivolgersi subito a un terapeuta, si confidi con una persona di fiducia. Di solito può essere utile parlare con una persona fidata e affrontare le sue paure legate alla terapia. Ci sono anche molte offerte di aiuto su Internet. Potrebbe anche trovare più facile parlare con persone che la pensano allo stesso modo. Oltre ai numerosi forum su internet, si può prendere in considerazione anche la terapia di gruppo. Una malattia mentale non è una cosa di cui vergognarsi. Soprattutto se si considera che circa una persona su quattro soffre di una malattia mentale.

Riconoscere le tecniche oscure della psicologia

Ora sa tutto sulla triade oscura della personalità e sui due disturbi oscuri della personalità. Sa che le personalità oscure raggiungono i propri obiettivi principalmente attraverso la manipolazione, le bugie e il comportamento di sfruttamento. Ma una volta riconosciuta una personalità oscura, come si può riuscire a smascherare i suoi trucchi manipolatori e le sue bugie? Questo capitolo le darà la risposta a questa domanda. Imparerà a smascherare le menzogne e la manipolazione e a utilizzare lei stesso le tattiche di persuasione. Nella maggior parte dei casi, questo non è così facile e richiede un po' di pratica e di fiducia nelle proprie capacità.

ESPORRE LE BUGIE

A nessuno piace essere mentito e manipolato. Ma a volte non è così facile cogliere qualcuno in una bugia. Le persone con tratti di personalità oscuri, in particolare, di solito hanno anni di esperienza nell'inganno e nella manipolazione. È quindi molto difficile capire le loro vere intenzioni. Non si innervosiscono facilmente come altre persone quando mentono.

Tuttavia, anche lei può imparare quali sono i comportamenti da tenere in considerazione per smascherare una bugia alla sua controparte. Una persona che non ha nulla da nascondere normalmente le darà una risposta semplice e breve. Ad esempio, una persona innocente è più probabile che risponda alla domanda se ha rubato qualcosa con un chiaro "no". Una persona colpevole che vuole nascondere il suo reato, di solito cercherà di convincere l'altra persona della sua innocenza utilizzando varie tecniche e tattiche.

I bugiardi spesso iniziano la loro risposta a una domanda ripetendola. In questo modo hanno il tempo di pensare a come abbellire in modo credibile la loro bugia. Si può supporre che se si ritarda la risposta di 5 secondi, l'altra persona sta mentendo. Questo è il tempo necessario al cervello per inventare una bugia. I bugiardi hanno lo stesso secondo fine quando ripetono le risposte e le domande durante la conversazione. La ripetizione ha anche lo scopo di enfatizzare e chiarire ciò che è stato detto. I bugiardi fanno anche spesso riferimento a bugie precedenti in una conversazione di questo tipo. Fanno quindi riferimento a una risposta precedente, come ad esempio: "Le ho già detto la settimana scorsa che non ho rubato gli occhiali". Dal suo punto di vista, sta semplicemente ripetendo una bugia precedente facendo riferimento ad essa e non sta ingannando nuovamente la sua controparte. Un'altra tattica che le permette di riconoscere in modo relativamente rapido se l'altra persona le sta mentendo è la distrazione. Se l'altra persona cerca di rispondere a una semplice domanda in modo molto prolisso e sconclusionato, può essere certo che sta cercando di nascondere ciò che ha effettivamente fatto. Questo le impedirà di fare una dichiarazione chiara sulla sua domanda.

Nella maggior parte dei casi, anche le espressioni

facciali e i gesti possono dirle se l'altra persona le sta mentendo. Poiché le persone con una personalità oscura di solito hanno molta esperienza nella menzogna e nella manipolazione, è particolarmente difficile riconoscere dai loro tratti del viso se stanno mentendo o meno. Nel corso degli anni hanno imparato a controllare le espressioni facciali e i gesti. Tuttavia, può essere in grado di riconoscere un maestro della menzogna e dell'inganno con l'aiuto dei seguenti segnali:

1. **Battito di ciglia frequente**. Tuttavia, è necessario sapere quanto spesso una persona sbatte le palpebre durante le conversazioni normali, per poter fare un confronto.

2. **Guance arrossate**. Il rossore difficilmente può essere soppresso, per questo è una buona indicazione per smascherare una bugia.

3. **movimento eccessivo**. Deve prestare attenzione all'irrequietezza e al movimento improvviso dopo aver fatto una domanda. Potrebbe essere associato al nervosismo che si manifesta quando si dice una bugia.

4. **La sua controparte inizia a riordinare**. Durante la conversazione vengono svolte altre attività, a volte davvero poco importanti. Forse per nervosismo o per distrarsi.

5. **occhi spalancati**. Gli occhi spalancati simboleggiano sorpresa, paura e panico. L'altra persona di solito ha bisogno di un breve periodo di tempo per riflettere sulla sua risposta.

6. **sudorazione, tremore o deglutizione frequente**. Le reazioni fisiche osservabili di solito accompagnano la menzogna.

7. **la distanza aumenta**. Le persone che sentono di essere state scoperte a mentire, di solito iniziano inconsciamente ad aumentare la distanza tra loro e l'altra persona.

8. **Posizione incastrata**. Molte persone adottano inconsciamente una postura difensiva quando mentono. Incrociano le braccia o girano il corpo lontano dalla persona con cui stanno parlando.

9 I **gesti e le espressioni facciali** non corrispondono a ciò che viene detto. L'interlocutore spesso annuisce anche se dice chiaramente "No".

10. Le **espressioni facciali non corrispondono**. Occhi e bocca non dicono la stessa cosa. La risata è di solito il modo migliore per riconoscere se la persona di fronte è seria o sta mentendo. Se gli occhi non ridono, può supporre che l'altra persona stia cercando di ingannarla.

11 **Troppi dettagli**. Per apparire più credibili, abbelliscono la loro bugia con molte piccole informazioni, per lo più non necessarie.

Tuttavia, oltre a questi segnali, può anche riconoscere dal linguaggio del corpo e dalla postura se l'altra persona preferisce fuggire dalla situazione. Una buona indicazione è la posizione dei piedi. Chi vuole fuggire da una conversazione, di solito gira le dita dei piedi verso la porta o lontano dall'altra persona. Anche la rotazione inconscia del corpo verso la porta può essere un segno della necessità di fuggire. Guardare costantemente verso la porta potrebbe anche essere un'indicazione di una bugia. Oltre all'istinto di fuga, anche nascondere le mani sotto il tavolo o nelle tasche dei pantaloni può essere un segno che l'altra persona sta cercando di nascondere qualcosa. Anche incrociare i piedi e poi tirarli indietro sotto la sedia sembra che stia cercando di nasconderle qualcosa. Se una persona teme di essere scoperta in una bugia, si girerà rapidamente dall'altra parte quando entrerà in contatto con gli occhi, perché teme che i suoi occhi possano tradirla.

Tuttavia, deve sempre tenere presente che tali segnali possono sempre essere dovuti alle circostanze specifiche di una situazione. Se l'altra persona ha appena finito di lavorare, non è un'indicazione di inganno se inizia a riordinare il posto di lavoro prima di tornare a casa. Deve anche conoscere la persona che sospetta di mentire da un po' di tempo. Questo perché solo se il suo comportamento si discosta da quello quotidiano è un'indicazione di menzogna. Ad esempio, una persona può essere generalmente molto irrequieta e muoversi molto o essere ansiosa, per cui in genere è più probabile che si giri verso la porta. Deve osservare la sua controparte nelle situazioni quotidiane e conoscere il suo comportamento per scoprire il suo comportamento quando dice bugie e inganni.

RICONOSCERE LE TECNICHE DI MANIPOLAZIONE

Il termine manipolazione di solito descrive l'esercizio mirato dell'influenza sui pensieri e sul comportamento di altre persone. L'influenza viene esercitata in modo occulto ed è quindi spesso vista negativamente. Le persone con tratti di personalità oscuri, in particolare, manipolano gli altri per motivi egoistici e di interesse personale.

Poiché danno priorità ai propri obiettivi e accettano che le altre persone vengano ferite nel processo, le tecniche di manipolazione utilizzate spesso portano a un risultato negativo per la persona manipolata. Forse anche lei è stato ingannato da un manipolatore? Oppure vuole proteggersi scoprendo i metodi utilizzati dagli astuti manipolatori? Allora questo capitolo le darà l'opportunità di familiarizzare con le tecniche e le strategie di manipolazione e di proteggersi da esse.

Il modo più semplice e probabilmente migliore per proteggersi da un manipolatore è ascoltare il proprio istinto. Una situazione le sembra strana? Trova difficile fidarsi di una persona? Allora è meglio mantenere le distanze. Molte tecniche di manipolazione funzionano facendola sentire in colpa o mettendola in difficoltà in qualche altro modo. Tuttavia, se lei appare fiducioso e sicuro di sé, sarà difficile per un manipolatore turbarla e convincerla delle proprie idee. Dovrebbe quindi iniziare imparando a fidarsi di se stesso e ad essere in pace con se stesso.

Ma a volte anche la persona più sicura di sé ha difficoltà a vedere attraverso un manipolatore e a fidarsi del proprio istinto. I manipolatori utilizzano abili strategie per raggiungere l'obiettivo desiderato. Può quindi essere utile conoscere le 10 strategie di manipolazione più comunemente utilizzate, per riconoscere un manipolatore e le sue intenzioni fin dall'inizio.

1. Il principio di reciprocità

Il principio della reciprocità è saldamente ancorato nel cuore dell'uomo. Se qualcuno ci fa un favore, abbiamo la sensazione di doverlo fare anche noi. Un manipolatore può sfruttare proprio questo principio con grande effetto.

Le fa un piccolo favore e approfitta del suo senso di colpa per chiederle un favore ancora più grande. Sarà difficile per lei rifiutare questa richiesta, perché sente di dovergli qualcosa. Un esempio semplice di questo può essere trovato in un ristorante. Se il cameriere mette un dolce accanto al conto, la mancia è solitamente più alta.

2. Principio del piede nella porta

Con questo principio, il manipolatore le chiederà anche un piccolo favore. Questo può apparentemente indirizzarla in una direzione in modo abbastanza innocuo e serve come apriporta. In seguito, lei gli farà un favore più grande molto più facilmente, poiché noi esseri umani tendiamo ad essere coerenti. Sarà difficile uscirne. Per esempio, se le chiede di guardare una presentazione per una riunione importante qualche giorno prima, è più probabile che lei dica di sì se poi le chiede se può fare la presentazione con lui. La cosa importante è ascoltare il suo istinto, prendersi un momento e riflettere attentamente se vuole davvero farlo.

3. Scarsità

Un manipolatore può abilmente metterla sotto pressione sostenendo che qualcosa è limitato o scarso. Nel caso delle decisioni, ad esempio, limitando il tempo o il numero di posti. Lei dirà intuitivamente "sì" più rapidamente che in assenza di questa pressione.

Naturalmente, questo principio è spesso utilizzato nelle pubblicità che offrono edizioni limitate. Ascolti le sue esigenze, non si lasci mettere sotto pressione e non si senta in colpa se dice "no".

4. Giocare con la paura

Così come può usare le limitazioni per esercitare pressione, può anche usare la paura per creare pressione. Se la sua controparte cerca di scatenare in lei una sensazione di panico e di ansia con frasi come: "Domani potrebbe essere già troppo tardi" o "Potrebbe davvero perdonarsi se non fa nulla ora?", probabilmente sta cercando di suscitare in lei una decisione sotto pressione e paura. Anche in questo caso, si prenda il tempo necessario per riflettere e non prenda decisioni affrettate.

5. L'amico simpatico

Questa tecnica si basa sul principio psicologico secondo cui è difficile rifiutare un desiderio da parte di qualcuno che è molto simile e simpatico a noi.

Un manipolatore sfrutta questo aspetto fingendo di avere interessi simili ai suoi e rispecchiando il suo linguaggio del corpo. In questo modo sarà più facile convincerla a farle un favore. Anche in questo caso, la sola conoscenza di questo principio la invoglierà a esaminare criticamente i suoi hobby e interessi. Se trova una situazione strana o scomoda, veda se l'altra persona rispecchia la sua postura e i suoi segnali corporei. Un esempio tipico è quello di un venditore che menziona casualmente di avere gli stessi hobby del potenziale acquirente.

6. Il principio di autorità

I manipolatori utilizzano e acquisiscono titoli per apparire credibili e affidabili. Le persone sono meno propense a mettere in discussione il suo giudizio perché è un esperto. Cercano di usare il loro titolo o il loro status di esperti per far sembrare credibili le argomentazioni false.

Verifichi le sue affermazioni se qualcosa le sembra strano, oppure chieda il suo CV e cerchi di smascherare le sue bugie. Un altro esempio di sfruttamento del principio di autorità è quando il manipolatore cerca di anticipare il suo capo affermando: "Il capo ha detto...". Anche in questo caso, dovrebbe rivolgersi personalmente al suo capo se la richiesta è atipica. Nel migliore dei casi, il tentativo di manipolazione può essere smascherato immediatamente.

7. Trasferimento selettivo di informazioni

Una tecnica di manipolazione relativamente frequente è quella di omettere o enfatizzare determinate informazioni. Se quindi ha la sensazione che le venga taciuto qualcosa, si informi. Cerchi, per quanto possibile, di ottenere le sue informazioni e di vedere anche quali interessi rappresenta la sua controparte. Un possibile conflitto di interessi potrebbe essere il motivo dell'omissione di informazioni rilevanti.

8. Sovrainformazione

A differenza dell'omissione di informazioni, questa strategia di manipolazione consiste nel presentare un eccesso di informazioni.

La persona con cui sta parlando cerca di sommergerla di informazioni per lo più irrilevanti per così tanto tempo che lei finisce per non sapere quale sia l'argomento della conversazione. Se torna a casa confuso da una conversazione con troppe informazioni, dovrebbe chiedersi ancora una volta quale doveva essere l'obiettivo della conversazione.

9. Seguito

Noi esseri umani abbiamo la necessità di unirci ai gruppi. Quello che fanno molti altri sarà giusto. Ma è qui che le cose possono diventare pericolose. Se si segue sempre e solo e non si mette in discussione ciò che fanno gli altri, si può essere rapidamente manipolati. La pressione sociale dei pari, in particolare, deve essere evitata.

10. Ricatto emotivo

Il manipolatore di solito cerca di ricattarla con i sentimenti usando questa tattica. L'attenzione si concentra su sentimenti fortemente negativi e stressanti. Le persone di solito accettano le richieste per evitare il conflitto. Questa strategia è spesso utilizzata soprattutto nelle relazioni di coppia, poiché in questo caso c'è una dipendenza emotiva. Spesso viene fatto sentire in colpa, rimproverato e minacciato.

Questo può portarla a sviluppare una depressione come conseguenza dei suoi sensi di colpa. Pertanto, presti molta attenzione alle accuse e alle minacce del suo partner, come ad esempio: "Se mi amassi davvero, non faresti una cosa del genere", "Ho rinunciato a tante cose per colpa tua..." o "Non so se posso ancora stare con te se fai una cosa del genere". Non deve lasciarsi condizionare da queste osservazioni, ma discutere di queste accuse con il suo partner alla pari e affrontarle.

Non tutte le manipolazioni hanno un'intenzione malevola. A volte, ad esempio, l'omissione di informazioni può non avere un motivo deliberatamente maligno. Le strategie di manipolazione sono spesso utilizzate nelle trattative per ottenere un risultato desiderato. Tuttavia, se le tecniche di manipolazione vanno di pari passo con l'accettazione sconsiderata di ferire e sfruttare altre persone per raggiungere i propri obiettivi, è necessario intervenire con urgenza.

APPLICARE LE TECNICHE DI PSI-COLOGIA

Dopo aver appreso come riconoscere e smascherare la manipolazione e le bugie, in questo capitolo imparerà come convincere la sua controparte delle sue argomentazioni nelle trattative o nelle discussioni di persuasione. Ora imparerà come utilizzare le tecniche psicologiche per raggiungere il suo obiettivo. Tuttavia, si assicuri di rimanere sempre amichevole e obiettivo.

Imparare le tattiche di negoziazione e persuasione

Le tattiche di persuasione si trovano ovunque nella vita quotidiana. Le persone di solito utilizzano le tattiche di persuasione quando vogliono raggiungere un determinato obiettivo e vogliono convincere gli altri ad aiutarli a raggiungerlo. Naturalmente, può anche prendere decisioni da solo.

Tuttavia, noi esseri umani siamo creature che cercano soluzioni socialmente accettabili. Ad esempio, è più probabile che cerchi di persuadere il suo partner ad acquistare un nuovo televisore tramite piuttosto che farlo da solo. Tutto ciò che serve per questo tipo di persuasione sono tattiche e argomenti convincenti.

Secondo lo psicologo Noah Goldstein, l'efficacia dell'uso consapevole delle strategie di persuasione è stata dimostrata scientificamente. Può anche essere utile utilizzare tattiche e strategie per raggiungere i propri obiettivi nei colloqui di negoziazione. Soprattutto se vuole negoziare con successo, non potrà evitare queste tecniche. Oltre a un atteggiamento sicuro di sé, le seguenti 10 strategie possono aiutarla a convincere gli altri delle sue argomentazioni. Al contrario, può anche utilizzare le tecniche presentate per riconoscere quando qualcuno sta cercando di convincerla strategicamente.

1. Controlli i suoi sentimenti

Più appare neutrale durante una negoziazione, meglio riuscirà a convincere la sua controparte. Anche le risposte aperte e oneste e il senso dell'umorismo la faranno apparire più convincente.

Se invece sta negoziando con un manipolatore o con una persona dalla personalità oscura tratti, deve riflettere attentamente in anticipo su quanto apertamente e onestamente presentare i suoi argomenti, perché la sua controparte continuerà a cercare di manipolarla.

2. Faccia la prima offerta.

Studi scientifici dimostrano che la prima offerta durante una conversazione o addirittura una negoziazione viene utilizzata come linea guida per le argomentazioni e le offerte successive. Può approfittare di questa conoscenza argomentando per primo e stabilendo in questo modo il punto di riferimento. Gli psicologi si riferiscono a questo come all'effetto àncora.

3. Faccia dei complimenti.

Anche le persone con e senza tratti di personalità scuri amano ricevere complimenti e lodi nelle conversazioni persuasive. Può fare un uso particolarmente buono dei complimenti prima di una conversazione persuasiva.

Per esempio, se si aspetta che una persona sia molto comprensiva in una situazione, può iniziare il giorno prima descrivendo il suo interlocutore come molto comprensivo. La probabilità che la persona con cui sta parlando sia comprensiva della sua situazione il giorno successivo aumenta notevolmente.

4. Piccoli passi.

Non apra subito la porta. Se vuole convincere la sua controparte a fare un grande cambiamento, inizi prima con piccoli passi. La maggior parte delle persone non ama i cambiamenti, quindi elimina la loro paura introducendoli gradualmente al suo obiettivo. Utilizzi il principio del "piede nella porta" descritto sopra, chiedendo prima un piccolo favore e poi quello più grande.

5. Faccia dei confronti.

Poiché noi esseri umani siamo animali da branco, tendiamo a farci convincere dalle masse. Sfrutti questa debolezza facendo paragoni come: "Anche il mio amico ha acquistato un nuovo televisore e ne è molto soddisfatto". I paragoni aumentano la probabilità di convincere la sua controparte.

6. poche alternative.

Indichi sempre le alternative nelle discussioni di negoziazione. Le persone hanno paura di non essere in grado di agire e quindi hanno bisogno di corsi d'azione alternativi quando vengono criticate. Deve presentare delle vie d'uscita dalla situazione.

Tuttavia, si assicuri di presentare alternative concrete e il minor numero possibile di alternative. Altrimenti, la sua controparte si sentirà sopraffatta e avrà bisogno di molto più tempo per prendere una decisione. Gli studi hanno dimostrato che se alle persone vengono offerte troppe opzioni, rimanderanno o eviteranno completamente di prendere una decisione a favore dell'opzione giusta.

7. silenzio tattico.

Quasi nessuno sopporta il silenzio nelle conversazioni o nelle trattative. Lei può sfruttare questo aspetto a suo vantaggio. Faccia la sua richiesta e rimanga in silenzio. Guardi l'altra persona negli occhi e aspetti. La maggior parte delle persone si sente a disagio e cercherà di rompere il silenzio. Ma rimanga fermo. Non risponda alla resistenza, ma ripeta la sua richiesta. La sua controparte cercherà di rompere di nuovo il suo silenzio con delle giustificazioni. Con il passare del tempo, utilizzerà argomenti sempre più deboli per rompere il silenzio. Tutto quello che deve fare è aspettare e confutare le loro deboli argomentazioni alla fine.

8. creare sentimenti di colpa.

Così come gli abili manipolatori cercano di creare sensi di colpa negli altri per ottenere la loro strada, anche lei può utilizzare questa tecnica. Ad esempio, cerchi di portare all'estremo le richieste della sua controparte durante le trattative.

Si senta libero di esagerare e di farlo sentire in colpa per le sue richieste. Ad esempio, in qualità di manager potrebbe dire: "Se tutti prendessero tante ferie come lei, non rimarrebbe nessuno per i nostri clienti e potremmo chiudere il negozio".

9. non presenti subito tutti gli argomenti forti.

Si assicuri di iniziare la negoziazione con un'argomentazione forte. Conservi un'argomentazione altrettanto forte finché non si rende conto che la controparte si sta stancando. Se poi presenta un'altra argomentazione forte, la sua controparte cederà più rapidamente e le farà delle concessioni.

10. presti attenzione alla fine.

Cerchi di rimanere concentrato fino alla fine della trattativa. Anche dopo aver raggiunto un accordo, utilizzi gli ultimi minuti dell'incontro per avanzare le sue richieste. Alla fine, rimetta tutto in discussione e aggiunga un'altra richiesta. Il suo interlocutore sarà stanco e svogliato e sarà quindi troppo veloce a cedere alla sua nuova richiesta.

Con l'aiuto delle tattiche di persuasione e negoziazione qui presentate, è improbabile che qualcuno le rifiuti qualcosa così rapidamente. Tuttavia, faccia attenzione a non essere cattivo o dispettoso con il suo interlocutore su . Utilizzi le tecniche di dialogo e si attenga ai suoi principi morali e ai suoi limiti. Le tecniche possono essere utilizzate individualmente durante la conversazione. Tuttavia, deve prestare attenzione all'obiettivo principale della conversazione.

Vuole convincere il suo partner a cambiare il colore delle pareti della sua camera da letto o vuole negoziare con il suo capo per ottenere più soldi? Obiettivi diversi richiedono approcci diversi. Si assicuri di essere sufficientemente preparato per una negoziazione e quindi eviti di negoziare con poco preavviso.

In questo modo, non sarà colto di sorpresa dalla sua controparte e potrà prendere decisioni sicure. Come regola generale, mantenga sempre il contatto visivo durante la conversazione, appaia sicuro di sé e sia consapevole della portata delle sue azioni. Ad esempio, se fa sentire in colpa qualcuno per raggiungere il suo obiettivo, deve essere consapevole in anticipo di poterlo conciliare con i suoi standard morali personali. Appaia sempre cordiale e simpatico e non abbia paura di fare domande specifiche se qualcosa non è chiaro. Utilizzi il suo linguaggio in modo mirato, poiché di solito rappresenta una parte importante del suo successo.

COSA HA IMPARATO ORA

Spero che abbia trovato in questa guida ciò che cercava e che abbia soddisfatto le sue aspettative. Ha appreso cosa costituisce una personalità oscura e come riconoscerla. Ora può vedere e smascherare le bugie e le tecniche di manipolazione. Sa come deve approcciare una persona con tratti caratteriali oscuri e cosa deve evitare nelle interazioni sociali. Se possibile, mantenga le distanze e non si lasci coinvolgere nei giochi. Perché, anche se ora ha una conoscenza approfondita, le personalità oscure sono maestri dell'inganno e troveranno un modo per danneggiarla.

Se qualcuno intorno a lei mostra i segni di un disturbo della personalità, non esiti ad avvicinarlo con delicatezza e a cercare insieme un possibile sollievo. Tuttavia, non leghi un mattone alla sua gamba. Di solito è difficile aiutare le persone con un disturbo di personalità senza un aiuto professionale. Si prenda cura di sé e della sua salute e impari a dire "no" qualche volta. Anche lei può utilizzare le tecniche di persuasione e negoziazione qui presentate per condurre discussioni di successo e raggiungere i suoi obiettivi. Naturalmente, questo dipende sempre dalle circostanze della situazione.

Tuttavia, può provare a utilizzare una o due strategie nella prossima conversazione per avvicinarsi al risultato desiderato.